THIERRY LEROYER

50 NUANCES DE THIERRY

Poèmes

Jamais sans espoir
(Acrostiche)

À force de croire en la mort, on oublie le temps, la vie, l'espoir

Faisant de ma vie, de mes envies, un monde plutôt noir

Oubliant l'essentiel de l'amour, des mots, des beaux discours

Regrettant à tout jamais de n'avoir su oser faire la cour

Comme si le passé remontait toujours vers mon visage

Emmêlant les bons moments et les mauvais passages

Demain, j'ouvre une porte vers un nouveau monde

Évitant le malheur et toutes ses horreurs immondes

Certes, je ne changerais pas le pouvoir de l'homme

Réussissant à détruire la vie, la nature, c'est tout comme

Obligeant les états à réagir à coup de bombes

Immorale histoire de la vie qui en succombe
Respectant tous les secours pour sauver une simple vie
Enjambant toutes les personnes qui n'ont rien compris
Énervant la population qui elle n'avait qu'une envie
Nul n'est maître de son destin quand la mort survient
Le temps n'effacera jamais ce jour funeste d'assassins
Armés d'un pouvoir qu'ils croient en leurs mains
Monstres que certains utilisent, n'ayant pas d'autres choix
On hurle, on crie, on montre que le peuple a de la voix
Révolutionnaire de notre ère nouvelle pour la liberté
Terrifié peut-être, mais uni pour mieux la préserver
On ne laissera jamais des dictateurs nous détruire
Nos ESPOIRS restent de vous faire terriblement fuir
On a peur, on tremble face à votre lâcheté immorale
Unis comme jamais pour contrarier vos actions à deux balles
Bien que la solution serait plus simple dans l'espoir
Les peuples ont tous eu de belles ou mauvaises histoires
Intégrant dans nos cultures la vie, la joie, les coups de cafards
Élevant la richesse comme la seule preuve du pouvoir
La vie ne doit pas s'arrêter au détour d'une petite rue
Elle est un peu plus belle même avec un peu de

déconvenue

Terroristes sans cœur contre nos enfants qui ne demandaient rien

Égoïstes par votre intolérance à la façon de vivre de certains

Mélangeant les récits coraniques aux récits bibliques

Pourquoi ne pas s'en tenir à des sentiments authentiques ?

Sûrement pas à coups de mitraillettes politiques

L'ESPOIR c'est de se lever avec le soleil d'un sourire

À construire pour notre chair de meilleurs souvenirs

Voulant tout, mais sûrement pas vos tristes horreurs

Il n'est rien de plus déplorable que des êtres qui pleurent

ESPOIR est le début pour unir tous les grands cœurs

ESPOIR de voir le monde s'illuminer de valeurs

Surmontant la tristesse sans armes, sans larmes

Partons ensemble vers la liberté d'une sirène d'alarme

On ne nous changera jamais, la vie est notre fierté

Illuminons la terre à coup d'arc-en-ciel

Rassemblons l'ESPOIR et une vie hors du noir

Espoir de voir que les hommes sont intelligents

Espoir de croire à l'amour dans notre monde de vivant

Espoir de revoir le soleil se lever sans effusion de sang

Espoir qui réunit des milliards d'habitants

ESPOIR LAISSE-NOUS LE TEMPS

Never without hope

« Jamais sans espoir » en anglais
Traduit par Niévès, Carla et Aloxander (volontaires
chez les CB)

A force to believe in death, we forget the time, life,
hope
Making my life, my desires, rather a dark world
Forgetting the essence of love, words, rhetoric
Forever regretting not having been able to dare to
court
As if the past still went back to my face
Entangling the good times and the bad passages
Tomorrow, I opened a door to a new world
Avoiding misfortune and all its filthy horrors
Certainly, I would not change a man's power

Successfully destroying life, nature is like
Forcing the states to react suddenly bombs
Immoral life story that succumbs
Respecting all rescue to save a simple life

Spanning all the people who have not understood
Annoying people who she had only one desire
No one is master of his destiny, when death occurs
The time will never erase that fateful day of assassins
Armed with a power they believe in their hands
Use some monsters that have no other choice
It screams, it screams, it shows that the people's voice
Our revolutionary new era for freedom
Terrified can be, but united to better preserve
We will never let dictators destroy us
Our HOPES remain terribly flee to you
We are afraid, we shiver face your immoral cowardice
United as never to thwart your actions with two balls
Although the solution would be simpler in the hope
The people all had nice or bad stories
Incorporating in our cultures, life, joy, beatings cockroaches
Raising wealth as the only evidence of power
Life does not stop at the corner of a small street
It is a little more beautiful even with a little disappointment

Terrorists without heart against our children who asked for nothing
Selfish by your intolerance to the way of life of some
Mixing the Qur'anic stories with biblical stories
Why not stick to the authentic feelings?
Surely not with blows of political guns

HOPE is to get up with the sun of a smile
A building for our best memories of flesh
Wanting everything, but certainly not your sad horrors
It is nothing more deplorable that beings who cry
HOPE is the beginning to unite all great hearts
HOPE to see the world light up values
Overcoming sadness, without arms, without tears
Let's go together to the freedom of an alarm siren
It will change us forever, life is our pride
Illuminons earth suddenly arc-en-ciel
HOPE and collect a living out of the dark
Hope that men are intelligent
Hope believe in love in our world of living
Hope to see the sun rise without blood merger
Hope that brings billions of people
HOPE WE LEAVE TIME

Nunca sin esperanza

« Jamais sans espoir » en espagnol
Traduit par Niévès, Carla et Aloxander (volontaires
chez les CB)

Una fuerza de creer en la muerte, nos olvidamos del
tiempo, la vida, la esperanza
Haciendo mi vida, mis deseos, en lugar de un
mundo oscuro
Olvidando la esencia del amor, las palabras, la
retórica
Para siempre no lamentando haber sido capaz de
atreverse a la corte
Como si el pasado todavía volvió a mi cara
Entangling las buenas y en las malas pasajes
Mañana, abrí una puerta a un nuevo mundo
Evitar la desgracia y todos sus horrores sucias
Ciertamente, yo no cambiaría el poder de un
hombre
Destruir con éxito la vida, la naturaleza es como
Obligar a los Estados a reaccionar repentinamente

bombas

Historia de vida inmoral que sucumbe

Respetar toda rescate para salvar una vida sencilla

Que abarcan todas las personas que no han entendido

Gente molesta que ella tenía un solo deseo

Nadie es dueño de su destino, cuando se produce la muerte

El tiempo nunca borrará ese fatídico día de asesinos

Armado con un poder que creen en sus manos

Utilice algunos monstruos que no tienen otra opción

Es un grito, se grita, se demuestra que la voz del pueblo

Nuestra nueva y revolucionaria era para la libertad

Aterrorizado puede ser, pero unidos para preservar mejor

Nunca vamos a dejar que los dictadores nos destruyan

Nuestras esperanzas permanecen terriblemente huyen a usted

Tenemos miedo, temblamos frente a su cobardía inmoral

Estados como nunca para frustrar sus acciones con dos bolas

Aunque la solución sería más simple con la esperanza

El pueblo todos tenían historias buenas o malas

La incorporación en nuestras culturas, la vida, la alegría, palizas cucarachas

El aumento de la riqueza como la única evidencia del poder

La vida no se detiene en la esquina de una pequeña calle

Es un poco más hermosa incluso con un poco de decepción

Los terroristas sin corazón contra nuestros niños que pidieron nada

Egoísta por su intolerancia a la forma de vida de algunos

Mezcla las historias coránicas con historias bíblicas

¿Por qué no se adhieren a los sentimientos auténticos?

Seguramente no a golpes de armas políticos

HOPE es levantarse con el sol de una sonrisa

Un edificio para nuestros mejores recuerdos de carne

Querer todo, pero ciertamente no sus horrores tristes

No es nada más deplorable que seres que lloran

HOPE es el principio de unir a todos los grandes corazones

Esperamos ver los valores de la luz del mundo hasta

Superar la tristeza, sin armas, sin lágrimas

Vamos a ir juntos a la libertad de una sirena de alarma

Nos va a cambiar para siempre, la vida es nuestro orgullo

Illuminons tierra repente arc-en-ciel

ESPERANZA y cobrar la vida de la oscuridad

Espero que los hombres son inteligentes

La esperanza cree en el amor en nuestro mundo de vida

Espero volver a ver la salida del sol sin la fusión de sangre

Espero que trae miles de millones de personas

Espero que dejar tiempo

Le français

C'est une langue, mais aussi des habitants
Des valeurs, des mots, des signes
C'est une langue qui râle souvent
Même si on lit entre les lignes
Le Français c'est important
Ils peuvent voter des changements
Leur nom n'est pas Français pour autant
Le papier l'est peut-être mais leur cœur
S'il le faut, on reprendra le patois d'avant
Comme cela, plus de livres, mais ensemble
Dans les rues, les voix, des accents
Faut un décodeur pour savoir d'où vient le vent
Le Français est bien difficile, mais ses mots
Ont un sens pas toujours débile
Si mes fautes font partie de moi
J'essaye de progresser à petits pas
Je vais me taper un jeune
Vais-je me taper un jeûne?
De la tentacule à encule ta tente ou tante (mdr)

Le Français nous a amené les plus belles chansons
Comme d'habitude, j'oublierai ton nom
Le plus urgent ce ne sont pas les mots
Mais simplement soigner les maux
Un Français et fier de l'être

Impossible rencontre

Dans un esprit perdu, égaré, à l'écart de la réalité
On le pousse sans savoir où aller, où le caser
Dans ce tunnel long et froid, la lueur n'est plus là
Plus personne n'entend sa douleur, que son cœur bât
Il entend quelques bruits, et un prénom dans son oubli
« Zazou peux-tu t'occuper de lui », il m'a l'air détruit
De sa première nuit, rien n'aurait pu se passer
Dans le doute de sa vie, le présent lui donne à penser
Sans pouvoir parler, sans réagir, sa voiture a explosé
Un mur, des tonneaux, des personnes pour le ranimer
Il n'a pas mal, ne ressent rien, comme si tout était bloqué
Il n'a plus mal, ni peur de rien, son esprit est figé
Au matin, encore ce surnom, « Zazou le 23 après tu pars »

Sa nuit fut longue mais elle est venue dans mon espoir
Je ne sens pas ses mains, massant mon corps abîmé
Je ne ressens plus rien, c'est pire que d'imaginer
Toute la journée, je ne pense qu'à elle
Ils viennent tous ausculter mais sans elle
Le temps ne m'apparaît plus, la nuit est ma maison
Le temps s'est arrêté, même plus une seule sensation
Des jours qui se suivent, un prénom qui m'enivre
Je voudrais la toucher, la voir, la sentir à en devenir ivre
Celle qui tous les matins me lave et me masse sans fin
Il imagine son visage, sa blouse blanche, même son corsage
Il imagine sa douceur, son charme, d'un air moins sage

Au fil des jours, sa sensation est bien de retour
Ne pouvant pas encore bouger, mais la sentant passer
De son odeur, comme une jeune fleur
De sa douceur, au massage des inférieurs
De sa patience, toujours le temps sans pleurs
De sa beauté, sans la voir, il sait l'apprécier
Dans son dernier matin de la semaine
Zazou le lave d'une autre délicatesse sereine
Il vient de sentir sa main, glissant sans fin
Le long de ses jambes, montant vers l'inconscient
Sentant bien qu'elle découvre son patient
Entre le plaisir et la folie d'un moment
Ne pouvant pas bouger, ni même regarder

Elle le caresse encore, sans jamais se détourner
Il ne peut rien faire, comme ligoté
Elle a envie de lui plaire avec la fin de journée
Se penchant vers l'absolu, l'humidité d'une déconvenue
Il entre dans une joie intérieure, à faire battre tous les cœurs
Sentant le chaud et le froid, ne contrôlant plus son émoi
Zazou lui met des émotions alors qu'il est dans le coma
D'un gant humide pour sa grande toilette
Dans son âme, c'est un jour de fête
Elle lui met une musique douce pour la journée
Lui prend la main comme un vrai bébé
D'une voix douce, elle se penche à son oreille
« Je pars mais je te reviendrai encore plus belle »
Dans sa misère, il pleure comme un enfant
Sentant son absence pour un long moment

Tant d'heures sans sentir sa présence
Tant de minutes à penser avec instance
Les jours passent, la tristesse l'envahit
Et là, il ne croit plus du tout en la vie
La remplaçante de Zazou ne fait pas comme elle
Plus brusque, moins tolérante, moins naturelle
Il manque cette douceur quand on aime les gens
Le pouvoir de leur donner l'envie d'aller de l'avant
De tous les examens, les perfusions, les soins
Aucun ne prête attention, à mes réels besoins
Je n'ai que le son, plus d'image, plus de mouvements
Personne ne le sait sauf celle qui me manque tant

Les jours sont longs et interminablement fatigants
Les nuits qu'il passe à chercher sa voix, inconsciemment
Il pense encore à sa tendresse, à ses massages
S'inventant une superbe rencontre moins sage
Dans ses rêves les plus fous, une rencontre impossible
Dans ses cauchemars les plus doux, un amour impossible
Avec l'envie de lui dire ses rêves
Avec le plaisir d'un cœur qui se lève

« Je suis assis sur le banc d'un parc un peu déserté. Un écureuil passe et fait semblant de s'arrêter. Comme je me sens seul, mon beau sourire pour l'amadouer, mais rien n'y fait, il s'est bien sauvé. Le hasard est parfois divin, sa blouse blanche à la main, un petit sac à provision, son déjeuner comme compagnon. Elle se place en face de moi, sous un sourire ; elle s'assoit. Je ne m'attendais pas à une si belle vue, la nature et une femme de l'inattendu.

Je la regarde, en fait je l'admire, pour son métier je pense qu'elle est dans le médical, pour sa beauté je rêve d'une passion fatale. Je ressens une drôle de vibration en moi, comme une petite force qui me parle. Je sens parfois son regard, son petit sourire, et au fond de moi, un grand désir. J'ose me lever, passant vraiment tout près, juste pour encore d'avantage l'admirer. Je renifle pour connaître son parfum, un peu de vanille et de jasmin. Telle une fleur, elle me lance sa plus belle beauté, telle un cœur que l'on ne peut qu'aimer. D'un sourire, on passe aux mots ; d'une parole on raconte sa vie.

Une heure sans voir le temps passé, une heure que l'on ne peut regretter.

Le temps n'est plus important, mais son bip la réclame maintenant, pensant être à elle toute la journée, elle me quitte maintenant. Je me permets de lui demander son prénom, « zazou, elle me répond ». J'espère pouvoir la recroiser, son corps s'éloigne mais pas mes regrets. Elle marche si lentement que mes yeux son attirés, laissant sur son banc un petit papier froissé. Je le glisse dans ma poche, je la suis comme un loup affamé, elle se retourne parfois, jusqu'à l'entrée de l'hôpital Sainte-Foi. Avant de passer la porte, elle me fait un signe que je n'oublierai pas. »

Son rêve s'arrête là, qu'y a-t-il sur ce papier ?
Quelqu'un lui a pris le bras. On va vous emmener !
Où ? Pourquoi ? J'entends, mais pourquoi moi ?
Puis plus rien, le silence, le noir, l'inconscience
Il ne pourra pas dire le nombre de jours
Il ne pourra pas expliquer ce manque d'amour
Impossible, sa mémoire lui a joué un mauvais tour
Impensable de voir un tunnel blanc
Mais il ne veut pas encore maintenant
Il ressent le choc électrique, se contracte
Il pense que tout est perdu, contre-attaque
Rien dans ce silence, rien dans son esprit
Que de la voir avant de partir pour autrui
Encore plus de choc, plus de souffrance
Laissant l'abandon, son âme prend de la distance
L'agitation autour de lui, le bouscule
La sensation qu'enfin tout bascule
Il crie de sa connerie, de s'être endormi

Son imprudence lui a gâché la vie
Et tout cela sans pourvoir pousser un cri
Silence, silence, silence, silence
On lui glisse un papier dans sa main
Un papier bien chiffonné, c'est malin
Et sans s'y attendre, il entend sa voix
Tremblante, émouvante, charmante comme la première fois
Et quelque mots : « souviens-toi du rêve »
Deux mois sont passés, dans le noir total
Deux mois sans s'inquiéter des choses immorales
Ses yeux fermés, une main se met à le toucher
Ses yeux fermés, il est temps de se réveiller
En premier son audition, un bruit sourd
Comme si le son cherchait tout autour
Puis les doigts tendus, crispés, engourdis
Comme si une presse le maintenait au lit
La soif, l'envie de boire, le désir de faim
Comme si c'était hier mais sans le vin
Puis la voix, une douce voix, une voix connue
Comme si elle était la sans jamais l'avoir vu
Ses yeux restent fermés, impossible à imaginer
Et cette voix qui l'encourage à la vérité
« Cher monsieur, dans ce parc on s'est parlé, dans la vie j'ai jamais autant apprécié. Je connais beaucoup de vous, même si par moment vos envies se voyaient. Je connais aussi ce qui vous est arrivé. Je ne voulais pas vous perturber dans votre conduite, je sais que vous y pensiez, je suis maudite. Ce petit papier que vous avez voulu lire en conduisant. Jamais je ne regretterai autant. Par ma faute vous êtes arrivé ici, mon service est devenu aussi mon supplice. Des heures à vous tenir la main, vous lire

les romans câlins, à vous bercer d'une musique douce pour ne pas sombrer dans l'absolu morose. Je vous demande de me pardonner, ce papier ou un seul mot était écrit, a failli vous faire perdre la vie. Je maudis ce petit mot qui a perturbé, on l'a retrouvé accroché à vos lèvres, mes espoirs se sont envolés en même temps que votre venue, je sais j'aime mon métier, mais là je devais assumer. Pardon encore, pardon toujours, vous avez levé en moi une émotion, en me parlant, j'en ai eu des frissons, en me suivant une terrible sensation, d'un mot une grande proposition. Je quitte mon service en espérant demain, que vos yeux me regardent sans chagrin, je vous embrasse. »

Il entend ses pas, il pleure, sait-on pourquoi.
La porte se ferme, ses yeux s'ouvrent comme un choix.
La lumière lui pique les yeux, aveuglé et presque comateux
La lumière qu'il voulait tant revoir, enfin finit le noir
Personne, juste lui, juste sa présence au fond du lit
Dur de bouger un muscle, dur de se sentir fort
Avec une petite pensée pour les mots qu'il a entendus
Et encore ce petit bout de papier dans sa main nue
Il l'approche, le déplie, mais sa vue n'est pas encore établie
Il attend impatient de patience, que la lumière fasse naissance

Il déchiffre la première lettre, un Z majuscule

Puis lentement tout se remet en place, son accident, son absence

Dans sa folie du noir, ce prénom était son espoir

Dans la folie de ce jour, il l'envie pour son amour

L'impossible rencontre est devenue possible

Avec la souffrance de certains jours, plausible

Cette histoire d'amour entre inconnus, peut-être vous l'avez connue

Cette histoire inventée pour vous avoir fait rêver ou ému

Cette histoire pourrait être vraie, si l'on aime l'inconnu

Merci de m'avoir lu, cela sera la dernière nouvelle de l'année

Comme le temps et la neige sont revenus pour vous la souhaiter

Merci encore de temps de discours, de temps d'amouritié

La vie est toujours plus belle, que la tristesse du passé.

Le courage d'aimer
(Acrostiche)

Comme le jour et la nuit, le cœur s'enfuit
Entre amour et poésie, entre rêve et mépris
Jamais la vie ne m'a donné, un moment de sursis
Outre quelques rencontres, qui m'ont détruite
Un mécontentement de mon amour, impersonnel
Résistant toujours au plaisir passionnel et irrationnel
Ouvrant les yeux sur un bel et charmant inconnu
Une atmosphère qui force sensiblement mon ingénu
Laissant de côté les complexes visibles de mon corps
Avec mes rondeurs que personne n'apprécie et n'adore
Vraiment injuste de me sentir ainsi et incomprise
Il doit faire partie de l'instant unique de mes envies
Et même si je dois passer au-dessus de mes soucis
Marchant vers lui, le regard provoquant l'insoumis
Autant de passions que d'aventures avec lui
Dans un geste involontaire de ma part

On se rencontre de près, est-ce le hasard ?
Ne vous excusez pas, monsieur, j'ai trébuché
N'empêche que vous auriez pu me rattraper
En deux mots, le contact vient de se concrétiser
Lui ne fuit pas, il m'aide à me relever sans difficulté
En profitant de l'occasion, je peux le palper
Comme si de rien n'était, j'adore le toucher
Offrant une invitation à se remettre de l'émotion
Un café en terrasse et une intéressante discussion
Rivalisant d'astuces pour détourner son regard
Au plus profond de mes sous-vêtements noirs
Gênantes situations qui m'excitent au plus profond
Entrelaçant mes jambes de leurs bas en coton
De mon sourire démoniaque et intensif sur lui
À la fascination de l'emmener dans mon lit
Il me dit des mots que je comprends, que j'apprécie
Ma force reste d'être sensible à son appétit
En quelques minutes, j'oublie qui je devrais être
Rencontre qui me motive de tout mon être
Courage est ma douce folie, d'activer l'incendie
Élevant sa voix, comme il se lève en tendant sa main
Le charme s'opère, lentement on se promène enfin
Une timidité que j'avais oubliée, mais bien gravée
Il me dirige vers un endroit que je n'aurais pensé
Que la vie est belle quand on a le courage d'aimer
Une ballade au bord de l'eau, aux douces paroles
Intelligent et fier de me tenir dans sa coupole
Hé, Monsieur, doucement, on doit prendre le temps
Après tout, la vie ne dure qu'un tendre instant
Nos lèvres n'ont pu s'empêcher de se frôler
Terriblement intense dans mon corps affolé
Élégant dans le moindre de ses tendres mouvements

Mon esprit hésite de peur d'être blessé comme avant
Encore une perfidie de ma façon de penser
Si seulement j'oubliais ma peur d'aimer
Protégeant mon corps de certaines réactions
Et en même temps, dur de résister à la tentation
N'écoutant que mon envie de me satisfaire
Souriant et l'emmenant derrière un presbytère
Ensemble comme des amants, le feu incendiaire
Ensemble dans un plaisir sans goût amer
Sur la pierre tombale d'un saint au paradis
Un ultime acte charnel pour embellir ma vie
Ne voulant pas le quitter, ni même l'enterrer
Je lui demande de le revoir pour une autre complicité
On n'est jamais mieux servi que par soi-même
Un oui serait le bienvenue, sans problème
Regarde-moi avant de prendre une telle décision ?
Avec mon âme, je t'offre mon corps avec ses rebonds
Uniquement et simplement sans autre promesse
Respire et dis-moi ce que tu penses sans insistance
Au-delà de l'amour, le courage est ma patience
Un autre mot pour te convaincre de ma sincérité
Nul autre ne pourrait l'exprimer : l'amouritié
Parce que l'amour et l'amitié doivent se mélanger
Le désir et la folie de deux corps entremêlés
Aide à vivre dans ce monde égoïste et imparfait
Imagine que notre amour donne le bébé de la vie
Simplement pour être sûr d'avoir bien tout compris
Il n'existe pas de plaisir sans une douce poésie
Respecte l'autre, sans jamais demander de contrepartie

Pour que je me sente bien, je pense à lui
Avoir le courage d'exprimer ses intentions
Regarde-là, elle est belle sans autre prétention
Ton choix ne sera jamais un regret, mais un moment
Avec le temps, on oublie qui on est vraiment
Garde bien au fond de ton cœur, cette citation
Entre le courage et la folie, choisir sa destination

La soie de ma découverte

La soie de ma découverte
La soif que tu m'as offerte
Je cherche à me glisser
Sous tes plis froissés
Je glisse sous ta tenue
Sans moment de retenue
De long en large, je me délecte
D'une douceur aussi parfaite
La soie de ma découverte
Ta vapeur, je l'apprécie
Pour faciliter l'envie
Jusqu'à embuer mon regard
Après tu seras la star
Je te tourne avec prudence
Même les poils ont un sens
Je ne désire pas te froisser
C'est ma façon de t'aimer
Comme un fil qui nous relie
La tendresse est notre féerie

La soie de ma découverte
D'une douceur aussi parfaite
Son courant à son intensité
D'un geste, tu es transformée
J'adore le faire le matin

Sans bruit, la tiédeur d'un câlin
Pour monter en température
Je sais que tu me rassures
La soie de ma découverte
Ta nuisette m'est offerte
Belles minutes en tête à tête
La soie tu me l'as offerte
Tu es la passion de ma vie
Eh oui j'aime repasser aussi
Faites-moi un sourire

L'empreinte

Je me ballade vers la tranquillité
L'odeur vagabonde dans la forêt
Quelques flaques sur le chemin
Un cerf brame dans le lointain
J'ai besoin de solitude pour vivre
Des moments pour en survivre
Ma canne m'aide à me soutenir
Être seul avec mes souvenirs
Je marche sans me presser
Dans la vie, on court assez
Je regarde cet ultime boisée
Le vent, la senteur, la beauté
Je me ballade pour ma simplicité
Besoin de rien, même de l'amitié
Ma tête n'aime plus le matériel
La vie m'a laissé des séquelles
Une canne, une casquette, des idées
La folie, la joie, triste l'humanité
Une empreinte au bord du fossé

Je m'arrête pour mieux l'observer
Un petit pied, peu et pas très allongé
Je prends le temps de la photographier
Un sentiment de ne plus être seul
Mais rien à voir avec un chevreuil

Tous les trente centimètres, une trace
Ma grande curiosité est la plus tenace
Je décide de la suivre à travers les bois
Les feuilles et les branches, et moi
Passant sur les petites pentes humides
L'inquiétude en moi, d'une vie insipide
Je la poursuis sans autre but, sans illusion
Que fait cette empreinte loin des gravillons
Comme le désir est souverain, plus fort
Je redouble tous mes pas, mes efforts
La trace file, et s'enfonce loin encore
Tout droit vers le froid et le nord
La vie m'a appris à m'adapter
Vite pour autre chose de concret
L'empreinte que je pourrais décrire
Ne servirait qu'à augmenter vos soupirs
Je m'approche, je me cache, je la vois
Si petite et fragile, collée contre un bois
En moi montent les larmes, aussi de la colère
Je vois sa peur, ses tremblements, sa prière
Je ne peux courir vers elle, sans l'affoler
D'une voix calme, j'essaye de l'interpeller
Elle m'écoute, elle tremble, mais ne me voit pas
Elle gémit, elle pleure, drôle de vie, tu vois
J'étais seul pour ma liberté
Je ne suis plus seul, réalité

Je m'approche à pas de loup
Pas à pas, je lui parle d'un caillou
Que j'ai trouvé, il y a des années
Le hasard, aussi en pleine forêt
" N'aie pas peur, petite créature
Je vais t'aider, pour le futur "
Je tends mes bras, le mal ce n'est pas moi
Viens, approche-toi, je te ramène chez toi
Tremblante, sans aucune ambiguïté
Elle entre dans mes bras, je peux la porter
Je cherche le chemin du retour
Les empreintes en compte à rebours
Ne voulant ni trébucher, ni tomber
Une plume dans mes bras enserrés
Le chemin est proche, j'entends des chiens
Le chemin s'approche, la liberté enfin
Toujours dans mes bras, le calme
Toujours en moi, le bruit du vacarme
Je voulais oublier l'empreinte de ma vie
Mais un détail me montre la contrepartie
Je tends ce mystère à ses parents
La petite fille en sourit maintenant.

Prends le temps

Prends le temps de te connaître
Avant de courir et de te soumettre
Prends le temps d'une photo
D'un jour ou d'une nuit sans flots
Prends le temps, de lui laisser le temps
Une fois les soucis enlevés par le vent
Prends l'amour comme un nouveau jour
Sans te cacher, sans te priver du jour
Prends l'amour sans te compliquer
Y penser ne ferait que tout gâcher
Prends l'amour du bout des doigts
Te protéger est ta seule loi
Prends l'amour dans ta balance
Du côté cœur, du côté chance
Prends le temps de respirer
Il n'est pas là, mais il y a pensé
Prends le temps de comprendre
Ta vie n'est pas celle d'attendre
Prends le temps mais pas trop longtemps

Ta vie fait partie aussi de ce maudit temps
Prends le taureau par les cornes
Faut y croire aussi aux licornes
Prends le temps, le vent, l'instant
Donne ce que tu peux pour un moment.

Comme un yoyo

On pourrait en dire des choses
En amour, jamais d'overdose
Cela commence comme un petit jeu
Arrivant en ton dos, un peu vicieux
Après un baiser dans le cou
Ce frisson qui nous rend fou
Les mains s'accrochent sur les monts
Un voyage sans heurt qui donne le ton
Dépassant la limite du supportable
T'allongeant sur l'évier ou la table
Mes mains d'un endroit à l'autre
Jusque dans le canapé, on se vautre
Comme un yoyo, je m'émerveille
De savourer un corps en éveil
On respire dans le même temps
Donnant le rythme aux mouvements
Ralentissant pour reprendre nos esprits
Accélérant aux coups de nos envies
Tu me recules pour mieux le sentir

Ta bouche donne le goût de l'élixir
Tu désires le voir encore plus fort
Ta peau se flétrit, doucement tu mords
Comme un yoyo, un peu de partage
De haut en bas, on n'est plus très sage

Savourant ton intérieur de mes papilles
Du bouts des doigts, je te titille
Cherchant les endroits de tes sursauts
Toi, revenant toujours à l'assaut
De va-et-vient, en touchant le fond
Les murmures ravivent les derniers sons
Dans la force des émotions
Le frottement sonne comme un clairon
Ajustant nos parties communes
Du glaive au clair de lune
Comme un yoyo, on s'éloigne et se retrouve
Comme un yoyo, l'amour on le couve
Mais je n'en ai pas encore fini avec toi
Je désire passer les limites de tes endroits
Te surpasser dans la tendresse infinie
Te montrer que ton corps c'est ta vie
Dominant à te faire perdre l'esprit
Dominé pour être sûre que tu la tiens aussi
Les saisons passent et l'espoir avance
Que nos corps soient juste en transe
Le présent c'est de partager nos corps
Là ou ailleurs selon le décor
Comme un yoyo, on fera avec
Comme un yoyo, demain c'est la fête.

Devinette

Je me protège du vent
D'une main ferme, protégeant
Je suis fine et rayonnante
D'un seul geste, je me change
D'une rougeur qui vire
Le noir me délivre
Je me prends souvent seule
À me frotter sur un papier
Un peu râpeux pour mon bout
J'essaye de tenir le coup
À parfois brûler l'index
Ma fragilité fait le reste
Parfois à plusieurs on fait le geste
On peut me mettre en boite
Mais sans moi, toi tu ne t'éclates pas
Je suis l'étincelle éphémère
Je suis ....…
          Une allumette

Entre dans ma danse

Dans la cour de l'une de mes nuits
Sur un site de rencontre, on s'est surpris
À parler de pratiquement tout et de rien
Sans compter les heures du matin
On s'est dit calmement « à ce soir »
Recherchant sûrement quelque espoir
Mais tu n'étais plus là, le soir venu
Allongé dans mon canapé, à demi nu
Je continuais ma longue écriture
Jetant un œil au fur et à mesure
Je ressentais les heures passées
L'attente et tous ses méfaits
Je me suis inventé une belle histoire
N'ayant que ton visage en désespoir
« Sur la piste de danse, serrant bien ta hanche
Une musique nous monte aux oreilles
Hésitant dans mes pas, tu te déhanches
Me menant dans une valse irréelle
La douceur de tous nos mouvements

Sensibles, dans les plus petits instants
Fougueux, comme des nouveaux amants
Souriants, comme de jeunes adolescents »
Un petit bruit détourna mon attention
Non ce n'est pas toi, mais un mail à la con
Je prenais le temps de boire un chocolat
Dehors la nuit, le bruit mais aussi le froid

Juste avant de me réinstaller sous la couverture
Je me demandais, pourquoi, comme un immature
Je voulais reprendre le fil de la belle histoire
Cette coupure ne me fait penser qu'à du noir
« Oui, le noir de sa robe en dentelle
Volant dans mes désirs les plus charnels
On se sent si léger et envoûté
Que la musique ne s'arrête jamais
Même le silence des notes nous emporte
Loin de la piste, et des yeux des autres
On se sentirait presque nu ou à peine vêtu
De nos mains, se tâtant pour embraser notre vertus »
Toujours ce bip qui vient me déranger
S'il continue je vais le couper
Je regarde ce message qui vient d'arriver
Mais c'est toi, tu m'as retrouvé
Je voudrais répondre de suite
Ma timidité m'énerve et m'invite
À prendre le temps, de te répondre calmement
Pour que tu rentres dans ma danse lentement
« Je tourne autour de toi, je t'admire
De sentir ta rondeur entre mes doigts
Je ne peux penser qu'à ce que tu expires
La douceur, la folie ou même la joie
J'ai envie que tu deviennes une féerie

Juste le plaisir de ressentir tes cris
Alors je décide de t'enlever de cet endroit
Pour la valse allongée sous des draps
J'aimerais te faire ressentir la splendeur
De l'amour qui vient de mon cœur
De tendresse en une plus belle auscultation
De devenir le docteur de ta passion
Je rêve mais c'est aussi pour une raison
Ton mail m'ouvre de nouveaux horizons "
Tu m'as envoyé une photo de ton entier
Ta rondeur ne me donne plus le choix de penser
C'est comme si je venais de rêver éveillé
J'aperçois ton corps comme un dessert parfumé
Ma faim de te répondre sans pour cela me sacrifier
De messages sages en douces et tendres révolutions
Des photos de corsages avec plus ou moins de
boutons
Notre danse commence à nous mettre en ébullition
J'enlève lentement la douceur de tes vêtements

Il était là

Il était là, quand le sommeil n'y était pas
Il était là, même quand lui n'allait pas
Il était là, le jour, la nuit, une partie de ta vie
Il était là, même s'il n'a pas toujours compris
Le jour de son dernier message
Le jour où sa joie est un langage
La nuit, il ne sait plus où il vit
La nuit en rêve de mépris
Il était là, pour amener un simple sourire
Il était là, parlant du cul en plaisir
Il était là, cachant une partie de ses ennuis
Il était là, qu'importe, c'est cela la vie
Une heure à discuter sans un cri
Une heure pour positiver d'un oui
Des secondes de silence, pour de belles paroles
Des secondes inexistantes fermant sa corolle
Il était là, prenant sa faim pour sentiment
Il était là, donnant sa main même sans gant
Il était là, avec son sourire de grand enfant

Il était là, mais le connais-tu autrement
Sa misère reflète l'existence de toute une vie
Sa misère lui a donné un cœur ainsi
Ses joies paraissent d'un grand regard
Ses joies, il te les donne sans égards

Il était là, demain il ne sera plus
Qu'un souvenir lointain, un inconnu
Le ciel veut bien le prendre sans te le rendre
Le ciel et ses étoiles, à qui veut comprendre
Il n'est plus là, comme s'il avait disparu
Il n'est plus là, alors que veux-tu?
Vous pouvez pleurer mais ne jamais abandonner
Si j'abandonne c'est par fierté, pas pour la célébrité
Vous pouvez crier mais pas vous détruire
Si je me détruis c'est juste pour vous protéger.

Captive

C'est un mystère de mon esprit
Quand je pense fort à lui
Mes doigts textotent mes envies
En attendant, je gère mes envies
Parfois, il me fait la surprise
Pour contrôler sa captive
Mes yeux ne cessent de le regarder
Mon corps en entier se met à trembler
Sans même qu'il ait besoin de me toucher
Captive à ses plus petites émotions
J'essaye mais son mystère est un don
Captive à ne vouloir que son âme
Dans ses paroles un certain charme
Dans son allure de nouveau macho
Des suées me coulent aussi dans le dos
Ses idées sur l'amour savent me perturber
Ma vie vient à peine de commencer
Je retrouve des sensations mille fois perdues
Je ressens des palpitations à mon cœur fendu

Avant de m'endormir, mes pulsions s'énervent
Comme un fruit défendu, je me satisfais en rêve
C'est déjà très fort sans qu'il soit là
Je désire vraiment, un jour, ses bras
Captive à chercher mon corps à l'abandon
N'ayant plus peur de ses perceptions

Il me regarde, je le capture, il me captive
Je sais qu'il ne me fera que l'amour
Pas de baise dans un détour
Tendrement je me laisserai doucement aller
Calmement, il saura en profiter pour me guider
Je sens le moindre souffle de sa vie
C'est sûrement cela, la fragile magie
Mon bas ventre n'a qu'une seule envie
Le savoir en moi, pour me redonner la vie
Le sentir en un long et beau voyage
De me voir sensible et en extase
Je sais que je ne suis pas la seule
Que l'homme qu'il est, l'isole
De sa gentillesse à quelques maux
Il fait de son adresse, à apaiser mes mots
Son calme envoûte ma douce tête
D'une mélodie, d'un refrain, d'une fête
Captive mais je veux rester sur terre
Captive mais jamais prisonnière
Il charme, Il parle, Il déclenche en moi
Il parle, Il écrit, Il m'illumine parfois
Il écrit, Il me captive
Un instant de ma vie

Je T'aime

Je ne lui ai jamais dit
Il faisait partie de ma vie
J'aurais pu lui dire aussi
Cela n'aurait pas changé l'ennui
Dans mes rêves les plus profonds
Son souvenir est toujours le bon
Dans mes envies de belle liberté
La vie n'est pas une façon de gagner
Et pourtant je t'aime, sans le dire
Et pourtant je t'aime car je respire
Il m'a donné la chance d'être
Il m'a montré comment disparaître
Usant toutes mes forces dans les batailles
Me déchirant et me nouant les entrailles
Il m'a fait découvrir de beaux paysages
Sans pour cela toujours être sage
Mille douceurs pour un monde meilleur
Mille sensations venant directes du cœur
Et pourtant je t'aime, sans le dire

Et pourtant je t'aime car je respire
Il existe tant d'amours différents
Tant de belles choses au gré du vent
Que de choisir une longue destination
Essayant de comprendre ses réactions

Que de choisir de poser ses valises
Là où la terrible folie est de mise
Plus de regrets dans ce qu'il m'arrive
Je me déplace comme l'eau vive
Et pourtant je t'aime, sans le dire
Et pourtant je t'aime car je respire
Je ne sais plus faire de belle déclaration
L'amour aussi est une sorte de trahison
De dire ses plus grandes pensées
De cacher ses plus grands secrets
De ne plus faire ce que l'on aime
Pour rester avec ce que l'on aime
Mon esprit ne sait plus quoi penser
Alors il décide de tout laisser tomber
Et pourtant je t'aime, sans le dire
Et pourtant je t'aime car je respire
Un jour c'est le plus important
La vie et tous ces moments
Une nuit sans se rendormir
Une vie pour ne plus souffrir
L'instant reste inoubliable dans mon esprit
Un moment ineffaçable de mes envies
Le malheur et mon plus grand regret
D'avoir oublié que tu existais
Et pourtant je t'aime, sans le dire
Et pourtant je t'aime car je respire.

Troublant

Je cherche le chemin
En commençant par ta main
Plus précieux que mes doigts
Ta peau est mon endroit
Je découvre ton poignet
Ton coude et ton épaule dénudée
Tu ne bouges pas, le sommeil d'une éternité
De ta joue à la base de ton cou
L'imperceptible présence et aussi doux
Encerclant tes belles collines
D'un doigt je jubile et j'imagine
Ce que ton cœur éteint depuis des années
Puisse de nouveau enfin frissonner
Je voudrais poser mes lèvres
Sans vouloir te donner la fièvre
Je vais attendre de voir tes yeux
Ton sommeil serait comme un adieu
Je caresse ton ventre un peu rond
Des petits cercles pour mes sensations

Troublant mon imaginaire coquin
Te découvrir d'un air serein
Ma bouche souffle dans ton oreille
Des mots pour que tu te réveilles
Le plaisir d'avoir de l'écoute
Pendant que ma main survole ta voûte

Tes lèvres entrouvertes, m'appellent
Quelques sons m'émerveillent
L'appel de la tendresse disparue
À regarder ton corps en étant nu
Dans ton milieu humide de douceur
Je m'applique à réveiller ton cœur
Dans ta belle et légère moiteur
Mon égo veut être le meilleur
J'aspire à te donner le plaisir
Des effets sans me contredire
Ma bouche joue l'affamée
Mon esprit ne sait plus se contrôler
Tes mains viennent enfin m'accompagner
Docilement sur ma tête, me caresser
Le réveil de la belle aux seins nus
Me donne la force et je continue
Je pourrais écrire un beau roman
Mais votre imagination prend un bon tournant
De vous laisser sur une belle faim
De vous avoir donné presque la fin.

La malle

En haut de cet escalier, au fond de ce grenier
Des tonnes d'affaires entassées depuis des années
Au fond de ce grenier, derrière tout, bien cachée
Une grande malle qu'un cadenas bloquait
Sans vraiment le vouloir, juste par curiosité
L'envie soudaine de le faire sauter à coup de maillet
J'imagine toutes sortes d'histoires ou de secrets
Je fouille sans que personne ne me l'ait demandé
La famille aurait-elle quelque chose à cacher
Sur le dessus des vêtements, des habits usagés
Sur le dessous, des boites bien empilées
Je m'assois sur une sorte de tabouret
Ouvrant une à une ces boites colorées
Comme si j'allais faire le tri d'un passé

Comme si je devais entrer dans leur vie privée
Dix boites à biscuits, toutes différentes d'aspects
Dix boites soigneusement numérotées
Pour ne pas déranger un ordre aussi parfait

Là, une que je vais délicatement explorer
J'y trouve à l'intérieur des enveloppes timbrées
Même pas ouvertes, même pas oblitérées
Une seule et même adresse écrite à main levée
Au verso, ces seuls mots « n'oublie pas de m'aimer »
Je m'amuse à les trier et les compter
50 missives pour une seule année
1985, pourquoi ne pas les avoir envoyées
C'est l'écriture d'un homme, un peu démantibulée
Avec une puissance, tellement elle est appuyée
J'ouvre la première avec mon cutter affûté
À l'intérieur, pas grand-chose, une phrase d'anxiété
« N'oublie pas de m'aimer »
Puis la deuxième : à voir le système se répéter
« Sans toi ma vie c'est l'imparfait »
Puis la troisième, « jusqu'au bout de l'éternité »
Ainsi de suite les phrases ne font que s'ajouter
50 morceaux d'un homme qui a des regrets
Un petit poème assez bien découpé
Que je recopie dans un espace de mon cahier
Dans la deuxième boite, des petits objets
Une plume, un caillou, un pendentif décoré
Toujours le même nombre, la fatalité

Ou une chose bien réfléchie dans la pensée
« Ma vie serait-elle ta liberté »
Est aussi marqué sur ce billet
Tout neuf comme sorti de la BNP
Tout est si nickel presque trop parfait
Le dernier objet sorti de cette boite d'acier
Un bout de papier marqué de lèvres rouges brasiers
« Du dernier que tu as pu me donner »

Cette phrase qui l'accompagnait
Dans la troisième, des mots griffonnés
Sur des parchemins très abîmés
Toute ma délicatesse pour les sauver
Je voudrais tant les sauvegarder
« Un soir sur une plage d'été »
« Me souvenant de mon corps troublé »
« Par tes lèvres, je me suis mis à aimer »
Tant de mots pour un sentiment avoué
Quel homme ne serait pas émoustillé
Par le plaisir tant redouté
La quatrième boite contient du tissu découpé
50 couleurs et motifs bariolés
Et toujours des écrits impossibles à effacer
« Le bout de ta robe ensablée »
« Le rideau que l'on a fait tomber »
« D'un morceau de lune que tu m'as fait explorer »
Cet homme amoureux devant sa fée
Ses yeux devaient être merveilleux de bienfaits

Je pense de suite à l'amour qu'il lui a prodigué
Sur une plage, coquillages et crustacés
De ressentir tous leurs plaisirs sur bouts de papier
De me faire rougir par leur liberté
Dans la 5ème boite, des fioles de sable emprisonné
De toutes les couleurs, avec les jours marqués
De vrais voyageurs, ces deux-là se sont aimés
Un peu déçu, aucun mot ne peut s'y trouver
Sans le faire exprès une fiole est tombée
Laissant apparaître, un minuscule papier bien roulé
En tout petit, c'est dur de le déchiffrer
« Ton corps a le goût du péché »
« Qu'importe je suis prêt à me damner »

Dans la sixième boite, il n'y a rien qui me satisfait
Un grand vide, comme si elle était percée
Pourquoi n'a-t-il rien laissé
Même pas un indice pour m'appâter
Même pas un signe qui pourrait me guider
Le mystère devient de plus en plus compliqué
La septième me donne une surprise pour être choqué
L'écriture a totalement changé
Plus souple, plus douce, mieux ponctuée
Assez fluide et délicate pour une main de féminité
De nouvelles missives, l'adresse est restée inchangée
Seule la phrase du dos a été modifiée
« L'amour est aussi le danger »
Je voudrais lire tous ces longs et beaux secrets

Je désire vraiment me convaincre de leur réalité
Un vrai rébus que ces deux êtres ont inventé
Mais y a-t-il mieux que ma curiosité
« À trop aimer, un océan pour se noyer »
La huitième boite n'est pas vide d'émotivité
Un joli poème que je vais vous conter
« Dans tes yeux, j'ai vu la liberté
Dans tes mains, ta sensibilité
Dans ton cœur, ta simplicité
Dans ton esprit, ton amour passionné »
Dans la neuvième boite, une réponse d'amabilité
Sa réponse à elle dans l'intimité
« Mon tendre cœur, tu m'as envoûtée
De caresses aussi douces que tes baisers
Prenant mon plaisir, juste à t'écouter
Tous mes soupirs, je te les ai donnés

Toute cette histoire ne sera jamais terminée
Car l'amour est la vraie liberté
Même si aujourd'hui, on est séparé
Car le ciel et la vie en ont décidé
Mon amour, je t'ai pardonné
De m'avoir aussi vite abandonnée »
Dans la dernière boite, une question à poser
Je suis ravi que vous ayez noté
Chaque phrase a un sens presque parfait
Entre l'amour et l'amouritié
Vous n'avez plus qu'à y déposer
Vos moindres pensées et juste la fermer
Votre boite c'est aussi votre réalité.

Pour toi mon passé

Je viens de vivre des mois d'horreurs
À vouloir contrôler le temps et mes pleurs
Mon cœur, je te l'ai donné en entier
Et qu'importe la trahison, je ne fais que chialer
Oui pour toi mon passé
Ma vie n'espère plus que de recommencer
Oui pour toi mon passé
Mon corps a besoin d'être apprécié
Je vis en respirant nos bons moments
Aucun homme ne m'en donnera autant
Des frissons à vouloir dire ton prénom
Des émotions explosant comme des ballons
Oui pour toi mon passé
Donne-moi le courage enfin d'affronter
Oui pour toi mon passé
À quel point je ne dois pas me ruiner
Mes désirs remontent avec des jolis écrits
Comme si c'était toi qui me les avait promis
Mais voilà, j'exprime au fond de mon lit

Seule, mais toute la liste de mes envies
Me réveillant et prenant ce petit plaisir
Que j'ai découvert le premier jour sans te fuir
Oui pour toi mon passé
Je regarde devant pour progresser
Oui pour toi mon passé
Tu es en moi, comment ne pas t'oublier
Un jour dans une voiture, tu m'as parlé
D'un rêve ou d'un conte de fée
Un jour dans notre lit bien douillet
Tes mains sont devenues mes clefs
Oui pour toi mon passé
Je veux revivre cette belle liberté
Oui pour toi mon passé
Mon plaisir s'est d'être enlacé
Pas pour le sexe mais pour être réconforté
Pas pour les caresses, mais me sentir apaisé
Enfin si le reste suit, je ne saurais refuser
Oui pour toi mon passé
J'ai envie d'être embrasé de baisers
Ma nature sera enfin libérée
OUI pour toi mon passé composé.

Dormir

Je ne veux que cette petite chose
Dormir sur un cœur en osmose
À ressentir son parfum d'homme
À caresser son torse en personne
Je veux me sentir rassurée
Contre lui, juste le serrer
Dormir, les yeux fermés à le deviner
Dormir et ressentir mon corps se calmer
La sensation empêche mon esprit
De partir trop loin de lui
Je le désire tant dans mes rêves
Qu'aujourd'hui j'y pense sans trêve
Ma fatigue me pousserait encore plus loin
Sur ses tétons, l'empreinte de ma main
Lui ne dort pas, il se laisse faire
Le mâle approuve cette atmosphère
Je ne descends pas plus loin que la ceinture
Même si je frôle sa belle armature
Un bel objet qui meurt sur le nombril

Le plus beau sur ma terre en exil
Dormir et encore me réveiller
Dormir avec des images à fantasmer
Ma main ne sait plus stopper, le désir
Ma main s'est même affolée, d'un plaisir
Dans mon oreille, le vent de son souffle
Accélérant le bruit de ma bouche

Je glisse ma tête lentement sur son oreiller
Sa douceur, sa rondeur pour me fasciner
Dormir mais je ne peux plus
L'inventaire m'excite encore plus
Du bout des lèvres je sais l'embrasser
Du bout de mes rêves, il est parfait
Ma main trop petite pour le longer
Ma bouche palpite d'onctuosité
Dormir, c'est ce que je voudrais
Dormir, mais on verra après.

J'ouvre les yeux

J'ouvre les yeux et je le vois
Son corps au-dessus des draps
Doucement, j'essaye de ne pas le réveiller
M'asseoir et juste le contempler
La forme arrondie de son fessier
Me ferait presque saliver
Je dois me retenir de le toucher
Mes mains, je les garde serrées
Même, elles se mettent à transpirer
Je les imagine quand il est sur moi
Les muscles me bousculant de joie
Le petit creux de chaque coté
Je comprends pourquoi, il sait se donner
Je ne me retiens plus, mes baisers non plus
Trop envie qu'il me fasse valser
Juste avant de poser le pied pour le café
Je glisse doucement par le bas
Ma bouche ne cherche qu'un endroit
De le voir lentement se crisper

Juste avant de se retourner
Pour l'instant, il n'est rien qu'à moi
J'aime ce moment de tranquillité
Je ressens toutes ses vibrations
Remonter de tout son long
Je me délecte de mes simples baisers
Sur un si joli petit cul à croquer
Comme deux belles pommes
Comme ses fesses d'homme
La suite à vous de la fabriquer

Les bonnes pensées

Parfois dans la nuit, un rêve nous invite
À découvrir des pensées illicites
Elle se couvre de ne pas l'avouer
Mais son corps ne sait refuser
Au milieu de la nuit, l'envie
La source d'un plaisir hors du commun
La sensation d'avoir toujours faim
À se surprendre dans ses tourments
Elle imagine un acteur, un chanteur
Un fantasme sans être un film d'horreur
Elle relève ce léger défi de gourmandise
À se dominer seule de ses mains exquises
Sentant l'humidité glisser sur sa cuisse
La présence invisible d'un homme sensible
Elle s'envahit encore plus de frissons
Prenant son téléphone en réflexion
Pour une pose instantanée de sa passion
Le plaisir pour elle se connaître
Afin de donner l'émotion de son être

Parfois elle se filme, dans sa nudité
Laissant la cyprine s'évacuer
D'un petit liquide blanchâtre
Qui se pose sur ses lèvres d'albâtre
Elle voudrait sentir d'autres doigts
Étouffer le doux son de sa voix
Ses douces pensées deviennent le cauchemar
D'être seule dans le fond de son plumard
De site de rencontre en site d'excitation
Quelques vidéos pour ses sensations
Rêvant d'un glaive ou d'un bâton
Entrant lentement dans son plus profond
Personne ne peut la ressentir
D'un duel avec le plaisir
Ses plaisirs simples, doux et intimes
À ses lèvres ont un goût sublime
Calant sa tête sur l'oreiller
Courbant son corps pour y arriver
La douceur du mouvement
L'âme de son tendre amant
Ses pensées pour se dépenser
D'une goutte à ses yeux embués
Ses paupières se ferment en douceur
Elle trouble la palpitation de son cœur
Si son souffle en est le moteur
Ses pensées d'un songe en saveur.

Je ne veux rien promettre

Dans mon cœur de petit homme
Amour ne rime pas avec toujours
Nul n'est maître de sa personne
Savoir où cela s'arrête un jour

Mon devenir n'est pas certain
On l'attend souvent pour rien
Nul ne dirige, à part mes mains

Comme mes envies sont bizarres
Ombre et sourire de certain soir
Être présent pour un peu d'espoir
Un petit homme qui n'aime pas le noir
Résolu mais restant dans son placard

Dans ma plus grande prudence
Être reste ma simple élégance

Peut-être que je m'en interdis

Enfin, c'est mon choix de vie
Tendre humeur de mes envies
Il sourit, il pense, il initie
Tant de pleurs, c'est la pluie

Humour c'est aussi mon amour
On y pense, on y rêve toujours
Ma vie m'a donné un jour
Mal au crâne et un sans retour
Être ce que je suis : un troubadour

La passion

Ma passion pour mon travail
Parfois ferme mes yeux
Occulte mes pensées
Suis-je normal ?
Le travail est ma passion
Les yeux de ma raison
Oubliant aussi l'essentiel
Suis-je existentiel ?
Ma passion me détruit-elle?
Ou pire que celle qui m'ensorcelle
Je ne suis plus rien
Suis-je un homme de raison?
À ne vouloir qu'un esprit travailleur
J'ai perdu beaucoup d'heures
À vouloir rattraper le temps
Suis-je un amant ?
Je lui ai consacré ma vie
Mais voilà, aujourd'hui
J'ai d'autres envies

Suis-je assez fort pourtant?
Ma passion déborde ma vie
À étouffer celle-ci
Ma passion n'est que le fruit
D'une solitude endurcie
Suis-je ce que je suis ?

Pense

Il y a des jours, des pensées d'amour
Que mon esprit ne contrôle pas
Que mes envies, elles aussi sont là
Mais je ne dois rester que le troubadour
Pense ce que tu veux, entre dans le jeu
Pense ce que tu veux, sans être amoureux
Je ne peux pas tout vous dire
Mon intérieur n'est pas Shakespeare
Mes pensées deviennent petit poème
Mes idées parfois me freinent
Pour ne pas être encore pire
Dans le souffle et les soupirs
Si toutes mes fables s'en souviennent
Mon âme n'est pas La Fontaine
Entre le lion et le rat
Thierry c'est juste moi
Je pense donc je suis
Je rêve donc tu es
Je soupire donc nous sommes

Je suis moi, j'y pense parfois
Pense à ne vouloir qu'être toi
Mon plaisir sera près de toi
Mes sourires en sont toujours là
Et mes pensées, regardent mon doigt

Elle

Tu me réveilles en pleine nuit
Dehors, il n'y a aucun bruit
Tu m'agaces dès mon lever
Si seulement les autres savaient
Je t'enserre de mes mains
Voulant te calmer, être serein
Mais rien n'y fait, tu m'envahis
La douleur devient mon mépris
J'aimerais te dire d'arrêter
De me laisser me reposer
Des années que tu me poursuis
Gâchant jusque mes envies
Je te claquerais bien au mur
Pour enlever tes murmures
Si je n'ose pas te mettre une balle
C'est que le coup serait fatal
Elle, Elle, Elle, libère-moi
Elle ne sait que me faire cela
Dans le moment tranquille

Mon esprit se réjoui et jubile
Et tu arrives sans prévenir
Toujours et souvent me détruire
De toutes les manières
Tu ne fais rien pour me plaire
Si depuis des années, tu m'obsèdes
Mais en fait tu me possèdes
Elle, Elle, Elle, ma souffrance
Elle, depuis mon adolescence
Tu sais me lancer des pics
Un fer rouge enfoncé et stricte
Qui m'oblige à tout cesser
Même l'amour, tu le défais
je te hais par ta violence
Je me contrôle par prévoyance
J'aimerais te voir disparaître
À jamais me voir renaître
Elle, elle, elle, ma douleur
Elle, l'être sans cœur
J'essaye de ne pas y penser
Je teste des façons d'évoluer
Rien, nulle, Elle, toujours ELLE
Me rend folle dans le réel
ELLE, ma souffrance perpétuelle
ELLE, au goût de cervelle
ELLE, ELLE, ELLE, ELLE

État d'am...

Dans mon rêve le plus intime
L'état d'am... , je la sublime
Passant au dessus de la fatigue
Son joli sourire m'intrigue
De sa rondeur, elle me supporte
En ouvrant toutes ses portes
Une à une, je la découvre
De caresses ce qu'elle éprouve
La folie contre sa peau
La joie d'être son cadeau
Je la vois se transformer
Son visage enfin s'apaiser
Avant de recommencer
Le plaisir est secret
L'état d'am... reste premier
Sans sa présence, je transpire
C'est l'âge ou le souvenir
Son plaisir reste pour l'éternité
Une source de bienfait

Dans mes mains, ses deux douceurs
À augmenter un peu de bonheur
Retournant ses yeux malicieux
Soulevant mon ardeur de vicieux
L'état de la dame en état d'am...
Qui prend la force dans notre âme
L'état d'am... de la dame
Me donne tout le charme

Le plaisir

Il commence dans l'esprit
Pour devenir le sein esprit
D'une simple dentelle
Un vœux éternel
Le plaisir de regarder
Sans pouvoir toucher
Le plaisir d'admirer
Les courbes en simplicité
Pas besoin de passer à l'acte
Mes yeux font l'entracte
Pas besoin de frôler
Mes yeux sont mon toucher
Le plaisir est invisible
Mais ressent l'imprévisible
Imaginant le plus beau
Prenant le désir d'une peau
Le plaisir dans l'inconditionnel
La rondeur et mon charnel
Serait capable d'écrire des mots

Serait sensible à tous les maux
Le plaisir dans l'imagination
Caresses, présences et sensations
Le plaisir couvre tous les bruits
Entre sourd dans son esprit
Je regarde avec plaisir
Je soulève avec désir
C'est cela mon plaisir
avec la complicité d'un sourire

Je Tu Il

Je suis heureuse d'être contre toi
Tu me donnes cette chaleur d'autrefois
Il n'y a pas d'autre pouvoir que tes doigts
Je me rassure en portant mes caresses
Tu me les rends avec beaucoup d'adresse
Il est merveilleux d'avoir cette politesse
Je voudrais te donner un bout de bonheur
Tu sais me donner, mais ne pas ouvrir ton cœur
Il arrivera un jour ou dans quelque heure
Je me blottis au creux de ton bras
Tu me serres, dorlotes, tu me broies
Il n'y a pas la puissance, mais la joie
J'aime aussi quand tu débutes nos ébats
Tu te tortilles sur mes plus beaux endroits
Il n'y a pas plus tendre que tes lèvres sur moi
Je me soulève dans de tendres émotions
Tu me fais crier montant ta tension
Il n'y a pas de plaisir sans frissons
Je t'attends alors que je ne le veux pas

Tu me fais patienter au son de ta voix
Il m'énerve ce temps qui ne passe pas
Je te mate aussi sous la douche
Tu ne devines pas l'effet dans ma bouche
Il devrait monter sans même que je le touche

Je n'oublierais jamais le premier jour
Tu es monté en touchant ma cour
Il s'est fini à la fin du jour
Je ne pensais pas aller si vite
Tu m'as poussé au lit, tu te précipites
Il, ce moment que je me félicite ???
Je pense et je rêve souvent
Tu restes le parfait amant
Il reste discret, le son du vent
Je me donne de plus en plus
Tu me pousses au-delà de la vertu
Il est bon de devenir ton ingénue
Je suis, Tu es, Il restera cette belle pensée
Je sais, Tu sais, Il reviendra me faire crier
Je veux, Tu veux, Il veut ma liberté.

Je vous remercie

Table des matières